Anabelle Körbel & Katja Ploch

Größenwahn in Zahlen

Anabelle Körbel
Katja Ploch

Größenwahn in Zahlen

199 Fakten, die deinen Blick auf die Welt verändern

brand eins books

Einleitung

Wie ist Vermögen verteilt? Wer hat politische Macht – und wer nicht? In welche Firmen fließt das meiste Geld? Wie wirkt sich die Erderwärmung aus? All diesen Fragen kann man sich mit Zahlen nähern. Sie helfen uns, die Welt besser zu verstehen.

Bei brand eins haben wir dafür 2002 ein besonderes neues Format geschaffen: *Die Welt in Zahlen*. In bislang rund 250 Ausgaben haben wir jeden Monat überraschende und lehrreiche Zahlen zusammengestellt, die viel aussagen über die Zeit, in der wir leben.

Kamele, denen für einen Schönheitswettbewerb Botox injiziert wird. Eine kleine baskische Insel, die von Besucherinnen und Besuchern überrannt wird, seit sie Schauplatz der Fantasy-TV-Serie «Game of Thrones» war. Einzelne Hunde, die mehrere Millionen Euro erben, während viele Menschen leer ausgehen. Firmen wie Tesla, die jahrelang Verluste anhäufen und trotzdem mit Milliarden Dollar an der Börse bewertet werden.

Vieles, was in unserer Wirtschaft, Arbeitswelt und Gesellschaft passiert, ist, gelinde gesagt, ziemlich (größen-)wahnsinnig. Manche dieser Auswüchse bringen einen zum Schmunzeln, andere zum Nachdenken – und ganz bestimmt alle zum Staunen.

Deshalb beschäftigen wir uns so gerne mit Zahlen und wühlen uns durch Statistiken, Studien, Artikel und Datenbanken. Wir, das sind in diesem Falle Anabelle Körbel und Katja Ploch. Katja begleitet brand eins seit der Gründung als Dokumentationsjournalistin und sorgt mit ihrem Team dafür, dass kein Artikel das Haus ohne einen gründlichen zweiten Faktencheck verlässt. Anabelle ist Redakteurin, schreibt seit 2019 für brand eins und betreut mit Holger Fröhlich die Rubrik *Die Welt in Zahlen*.

In diesem Buch haben wir in sieben Themenwelten die in unseren Augen spannendsten Zahlen aus den Jahren 2018 bis 2023 zusammengetragen, erneut geprüft und aktualisiert. Alle stammen aus unserem Magazin, viele aus der *Welt in Zahlen*, andere aus den brand eins-Schwerpunkten.

Wir wünschen Ihnen viel Spaß beim Lesen – und dabei, die Welt aus einer neuen Perspektive zu entdecken.

Anabelle Körbel
Katja Ploch

I. In der Wirtschaft

Summe, die Deutschland bis 2025 in die KI-Förderung investieren will, in Milliarden Euro:

5

Summe, die Microsoft im Jahr 2023 allein in OpenAI, die Firma hinter ChatGPT, investierte, in Milliarden Euro:

9

Zahl der Follower von Elon Musk auf der Plattform X im August 2023, in Millionen:

153

... davon Follower, die selbst keinen einzigen Follower haben, in Millionen:

65

... davon Follower, die selbst keinen einzigen Tweet veröffentlicht haben, in Millionen:

63

... davon Follower, die erst seit Musks Kauf der Plattform beigetreten sind, in Millionen:

39

Jahr, in dem Whatsapp von Facebook gekauft wurde:
2014

Kaufpreis für das Unternehmen im Jahr 2014, in Dollar:
16 000 000 000

Zahl der Nutzerinnen und Nutzer im Jahr 2014:
500 000 000

Zahl der Software-Entwickler im Jahr 2014:
32

Anstieg des Mietpreises
pro Quadratmeter in Berlin
zwischen November 2022
und Februar 2023, in Prozent:

27

Kaltmiete pro Quadratmeter
für Gewerbeflächen von privaten
Vermietern innerhalb des Mittleren Rings
von München im Jahr 2022, in Euro:

35

Durchschnittlicher Preis für ein Paar Schuhe von Deichmann, in Euro:
31

Preis für ein Paar Sneakers aus einer Kooperation von Nike und Dior, in Euro:
12 000

Konsumausgaben für Schuhe in Deutschland im Jahr 2022, in Milliarden Euro:
12

Umsatz in den ersten drei Quartalen 2023, in Milliarden Dollar,

... des französischen Konzerns LVMH, zu dem unter anderem Louis Vuitton gehört:
66

... von SAP, dem größten Software-Unternehmen Europas:
24

Jahr, in dem der Börsenwert von LVMH erstmals 500 Milliarden Dollar überstiegen hat:
2023

Tag, an dem das «Seal Team 6»
der US-Navy den Al-Qaida-Anführer
Osama bin Laden tötete:

2. Mai 2011

Tag, an dem Walt Disney versuchte,
sich die Namensrechte an «Seal Team 6»
zu sichern:

3. Mai 2011

Wachstum des Vermögens
des reichsten Prozents der US-Bevölkerung
zwischen 1989 und 2018,
in Milliarden Dollar:
21 000

Verringerung des Vermögens der unteren 50 Prozent
der US-Bevölkerung zwischen 1989 und 2018,
in Milliarden Dollar:
900

Bruttoinlandsprodukt von Deutschland,
in Milliarden Euro,
... im Jahr 1993: **1749**
... im Jahr 2022: **3877**

Zahl der Niederlassungen der Tafel,
die Lebensmittel an Bedürftige verteilt,
... im Jahr 1993: **1**
... im Jahr 2022: **962**

Preiserhöhung einer Tafel Schokolade,
auf der «Danke» steht,
gegenüber einer ohne diesen Schriftzug,
in Prozent:

>60

Durchschnittlicher Preis für Brot in Deutschland
im Jahr 2022, in Euro pro Kilogramm:
2,31

Brotpreis beim Luxus-Bäcker in München im Herbst 2023,
in Euro pro Kilogramm:
7,50

Brotpreis beim Luxus-Bäcker in Wien im Herbst 2023,
in Euro pro Kilogramm:
23,18

Summe, die die Stadt London für das Logo der
Olympischen Spiele 2012 bezahlt haben soll, in Dollar:
625 000

Summe, die Google 1998 für das eigene Firmenlogo
bezahlt haben soll, in Dollar:
0

Investorengelder, die die 2003 gegründete Silicon-Valley-Firma Theranos mit ihrem Versprechen – ein Blutschnelltest, der angeblich mehr als 200 Krankheiten nachweisen kann – erhielt, in Millionen Dollar:
>700

Marktwert der Firma im Jahr 2015, bevor bekannt wurde,
dass die Technik weitgehend unwirksam ist
und die Geschäftsführung dies verschleiert hatte,
in Milliarden Dollar:
9

Dauer der Bewährungsstrafe für den ehemaligen Manager von Tesla Australien wegen Insiderhandels, in Jahren:

2,5

Gewinn, den er mit dem Insiderhandel gemacht hat, in Euro:

27 000

Gewinn pro Monat Strafe, in Euro:

900

Jahr, in dem OpenAI als Non-Profit-Unternehmen gegründet wurde:

2015

Jahr, in dem die Firma verkündete, künftig gewinnorientiert arbeiten zu wollen:

2019

Bewertung des Unternehmens im April 2023, in Milliarden Dollar:

29

Stundenlohn, den OpenAI kenianischen Arbeitern gezahlt haben soll, um die KI hinter ChatGPT zu trainieren, Hassreden oder Schilderungen sexuellen Missbrauchs zu erkennen, in Dollar:

<2

Gewinn vor Steuern des US-Schuhherstellers Nike
im Jahr 2020, in Milliarden Dollar:
2,9

Körperschaftsteuer (21 Prozent auf Gewinne),
die Nike im Jahr 2020 in den USA zahlte, in Dollar:
0

Steuerrückzahlungen, die Nike im Jahr 2020 erhielt,
in Millionen Dollar:
109

Anteil der größten deutschen Autohersteller, die im Jahr 2020 Kurzarbeit beantragt haben, in Prozent:

100

Ausschüttung von Dividenden im Jahr 2020,
in Milliarden Euro, bei
… Daimler: **1**
… BMW: **1,6**

Preis, für den der italienische Künstler
Salvatore Garau im Mai 2021 seine unsichtbare Skulptur
«Io sono» verkaufte, in Euro:
15 000

Summe, die die G7-Staaten nach einem Treffen
im August 2019* für die Bekämpfung der damals um
sich greifenden Waldbrände im Amazonas zusagten,
in Millionen Dollar:
20

Summe, die Netflix 2019 bezahlte,
um die US-Sitcom «Friends» streamen zu dürfen,
in Millionen Dollar:
100

* Allein in Brasilien wurden damals mehr als 80 000 Brände gemeldet.

Geschätztes Vermögen aller Privathaushalte in Afrika
im Jahr 2021, in Billionen Dollar:
6

Verwaltetes Vermögen von Blackrock, dem
größten Vermögensverwalter der Welt, im Jahr 2021,
in Billionen Dollar:
10

Durchschnittliche Bonuszahlung für Wallstreet-Banker
im Jahr 2022, in Dollar:
177 000

Mittleres Jahreseinkommen eines Haushalts in den USA
im Jahr 2022, in Dollar:
75 000

Anteil der Milliardäre im Jahr 2019, die ihren
gesamten Reichtum selbst erwirtschaftet haben,
in Prozent,

… in China: **95**

… in den USA: **63**

… in Deutschland: **21**

CO_2-Emissionen, die ein Mensch in der EU im Schnitt pro Jahr verursacht, in Tonnen:

8

CO_2-Emissionen, die eine Superjacht* im Schnitt pro Jahr verursacht, in Tonnen:

7000

CO_2-Zertifikate, die Jachtbesitzer in der EU für ihre Schiffe kaufen müssen:

0

* Dazu zählen Jachten mit ständiger Besatzung, einem Hubschrauber-Landeplatz und Pools.

Zahl der Rechner,
die in einer Server-Farm im russischen
Nadwoizy Bitcoins schürfen:
29 000

Dauer, um zwei Bitcoin zu schürfen,
in Stunden:
24

Verdienst in diesen 24 Stunden
im Oktober 2021, in Euro:
100 000

Jahr, in dem der türkische Trader Faruk Fatih Özer
die Krypto-Börse Thodex gründete:
2017

Jahr, in dem Thodex plötzlich offline ging und
der Gründer verschwand:
2021

Jahr, in dem der Gründer in Albanien gefasst und
in der Türkei verurteilt wurde:
2023

Dauer der Haft,
zu der Faruk Fatih Özer verurteilt wurde,
in Jahren:
11 196

Unternehmensbewertung des Zahlungsanbieters Klarna, in Milliarden Euro,

… im Jahr 2021: **43**

… im Jahr 2022: **6**

Verlust von Klarna im Jahr 2022,
in Milliarden Euro:
0,94

… davon an Klarna nicht zurückgezahlte
Kundenkredite*, in Prozent:
55

Höhe der vergebenen Kredite an Privatpersonen in Deutschland, in Milliarden Euro,

… im Jahr 1980: **383**

… im Jahr 2022: **1495**

Anteil der 14- bis 29-Jährigen in Deutschland, in Prozent,

… die auf Kredit im Internet einkaufen: **21**

… die verschuldet sind: **20**

* Diese Kreditausfälle entstehen, wenn Kreditnehmer in Zahlungsschwierigkeiten geraten und deshalb ihre Zins- und Tilgungsraten nicht mehr bedienen können.

Zeitspanne,
in der Thomas Gottschalk
für Haribo Werbung machte,
in Jahren:

24

Jahr, bis zu dem George Clooney
für Nespresso werben müsste,
um mit Gottschalk gleichzuziehen:

2030

Summe, die 2022 weltweit für Werbekampagnen
mit Influencerinnen und Influencern ausgegeben wurde,
in Milliarden Dollar:
28

Summe, die 2027 weltweit für Werbekampagnen mit
Influencerinnen und Influencern ausgegeben werden soll,
in Milliarden Dollar:
50

Anteil der
Produkt-Neueinführungen,
die scheitern, in Prozent:

60 bis 80

Zahl der weltweiten Patent-Anmeldungen
im Bereich künstlicher Intelligenz

... im Jahr 2018: **20 000**

... im Jahr 2022: **280 000**

Prognostizierte Wachstumsrate des KI-Marktes
von 2023 bis 2030, in Prozent pro Jahr:

37

Prognostizierte Größe des KI-Marktes im
Jahr 2030, in Dollar:

1 811 750 000 000

Zahl der Microsoft-Patente für KI und maschinelles Lernen

… im Jahr 2013: **3350**

… im Jahr 2022: **6356**

Zahl der Patente des chinesischen Konkurrenten Baidu

… im Jahr 2013: **147**

… im Jahr 2022: **13 993**

Jahr, in dem ein KI-gesteuertes, virtuelles Wesen die Führung eines japanischen Gaming-Unternehmens übernommen hat:

2022

Anstieg des Aktienkurses des Gaming-Unternehmens in den folgenden sechs Monaten, in Prozent:

18

Zahl der Produkte in einem deutschen Supermarkt, in dem der Einkauf vollautomatisch erfasst und verkauft wird:
4000

Zahl der Kameras, die dort das Einkaufen registrieren:
400

Zahl der Mitarbeiter in dem Supermarkt pro Tag:
3

Faktor, um den die Ausstattung des Supermarktes teurer ist als bei einer normalen Filiale in Deutschland:
4

Anteil an defekten Elektrogeräten
in Deutschland, die repariert werden,
in Prozent:

25

Unterschiedliche Schraubengrößen,

… die von Sony oder Samsung in Smartphones verbaut werden: **2**

… die von Apple in einem iPhone verbaut werden: **10 bis 15**

Zahl der ungenutzten und defekten Handys in
deutschen Haushalten, in Millionen:
210

Geschätzte Menge Gold, das in diesen Handys verbaut ist,
in Tonnen:
3,6

Preis für eine Tonne Gold Ende des Jahres 2023,
in Euro:
60 000 000

In China verkaufte E-Autos, in Millionen,
… im Jahr 2021: **3,5**
… im Jahr 2023 (Prognose): **10**

Anteil aller in China verkauften E-Autos am aktuellen weltweiten Absatz, in Prozent:

70

Basispreis des VW-Elektroautos ID.3, in Euro,
... in Deutschland: **39 995**
... in China: **20 600**

Durchschnittliche Zahl der Einzelteile eines Autos:
10 000

Montagedauer eines
durchschnittlichen Autos in Deutschland,
in Tagen:

1

Zahl der Mitarbeiterinnen und Mitarbeiter,
…die bei der Firma Stemme in Mecklenburg-Vorpommern an einem Segelflugzeug arbeiten: **120**
…die in der Steinway-Klavier-Manufaktur in Hamburg an einem Flügel arbeiten: **>300**

Preis, in Euro,
…für ein Stemme-Segelflugzeug: **540 000**
…für einen Steinway-Flügel: **137 500**

Zahl der Abonnentinnen und Abonnenten
von MrBeast, dem Youtuber mit den meisten Abos
weltweit im Jahr 2022, in Millionen:
135

Summe, die MrBeast im Jahr 2022
mit diesen Abonnements eingenommen hat,
in Millionen Dollar:
110

Geschätzter Wert seiner Firma,
die unter anderem aus einer Burger-Kette und
einer Schokoriegel-Marke besteht, im Jahr 2022,
in Milliarden Dollar:
1,5

Höhe der Risikokapital-Investitionen weltweit,
in Milliarden Dollar,

… im Jahr 2009: **38**

… im Jahr 2019: **310**

… im Jahr 2021: **683**

Höhe der Risikokapital-Investitionen in Deutschland,
in Milliarden Dollar,

… im Jahr 2020: **6**

… im Jahr 2021: **20**

… im Jahr 2022: **12**

Höchstzahl der Nutzer der Corona-Tracking-App Luca
im Jahr 2022, in Millionen:
40

Gastronomie-Betriebe,
die die App während der Pandemie nutzten:
80 000 bis 90 000

Wagniskapital, das die Betreiber der Luca-App
2022 für die Neuausrichtung als Zahlungsmöglichkeit
in Restaurants einnahmen, in Millionen Euro:
30

Gastronomie-Betriebe,
die im April 2023 in der Luca-App angemeldet waren:
2000 bis 3000

Jahr, in dem Spotify gegründet wurde:
2006

Unternehmenswert beim Börsengang im Jahr 2018,
in Milliarden Dollar:
27

Quartale, die Spotify
bis dahin profitabel gewesen war:
0

Jahr, in dem Tesla gegründet wurde:
2003

Einnahmen von Tesla beim Börsengang
im Jahr 2010 innerhalb eines Tages, in Millionen Dollar:
226

Gewinn, den Tesla bis dahin gemacht hatte, in Dollar:
0

Verlust, den Tesla bis dahin angehäuft hatte,
in Millionen Dollar:
>300

Jahre, die nach dem Börsengang vergingen,
bis Tesla den ersten Jahresgewinn machte:
10

Zahl der Robo-Taxis,
die Tesla-Chef Elon Musk für 2020 versprochen hatte:
1 000 000

Zahl der Robo-Taxis von Tesla
im Jahr 2023:
0

Durchschnittliche Bereitschaft der
Verbraucherinnen und Verbraucher in Deutschland,
für nachhaltige Produkte mehr Geld auszugeben,
in Prozent,

… im Jahr 2021: **67**

… im Jahr 2022: **30**

Umsatz, den der kalifornische Outdoor-
Kleidungshersteller Patagonia im Jahr 2021 erzielte,
in Millionen Dollar:
1000

Summe, die Patagonia jährlich für
Umweltschutzprogramme zur Verfügung stellt,
in Millionen Dollar:
100

Anteile von Patagonia,
die einer Umweltstiftung gehören,
in Prozent:
98

II. In der Arbeitswelt

Anteil der Menschen zwischen 20 und 34 Jahren
in Deutschland, die keinen Berufsabschluss haben,
in Prozent, im Jahr

...2017: **14,2**

...2020: **15,5**

...2021: **17,8**

Anteil der Erwerbstätigen in Finnland,
die 2021 armutsgefährdet* waren,
in Prozent:
3

Anteil der Erwerbstätigen in Deutschland, die 2021 armutsgefährdet waren, in Prozent,

… im Durchschnitt: **9**

… Teilzeitarbeitende: **12**

… Beschäftigte mit befristeten Arbeitsverträgen: **14**

* Diese Menschen verdienten weniger als 60 Prozent des mittleren Einkommens eines Landes. In Deutschland lag das mittlere Einkommen 2021 für Alleinlebende bei 14 002 Euro im Jahr, in Finnland bei 12 047 Euro.

Rückgang der nach Tarif bezahlten Beschäftigten in Deutschland zwischen 1996 und 2022, in Prozent:

39

Anteil der Führungskräfte in Deutschland,
in Prozent,

… die den Wirtschaftsstandort Deutschland weltweit als Vorreiter sehen:

11

… die sich selbst in ihrem Unternehmen als Vorreiter sehen:

28

Anteil der Führungskräfte,
die in einer internationalen Umfrage unter
Führungskräften und Mitarbeitern angaben,
ihre Beschäftigten seien mit der Arbeit zufrieden,
in Prozent:
92

Anteil der Beschäftigten, die in der Umfrage angaben,
sie seien mit ihrer Arbeit zufrieden, in Prozent:
30

Geschätzter Anteil von Narzissten
in der deutschen Bevölkerung, in Prozent:
4

Geschätzter Anteil von Narzissten
in Führungspositionen, in Prozent:
14

Mittelständische Unternehmen in Deutschland,
... die bis Ende 2023 einen Nachfolger suchten: **190 000**
... die bis Ende 2023 vor einer unfreiwilligen Geschäftsaufgabe standen, weil sie keinen Nachfolger finden konnten: **46 000**

Anteil der Mittelmanagerinnen und -manager in Deutschland, in Prozent, die angeben,

... «starken oder sehr starken Druck von unten» zu spüren: **32**

... «Druck von oben» zu spüren: **52**

Anstieg von arbeitsbedingtem Stress und Angst bei Führungskräften in Deutschland im Jahr 2022, in Prozent:

40

Zeit, die man im Jahr 1960 durchschnittlich arbeiten musste, um sich eine Waschmaschine leisten zu können, in Stunden:

221

Zeit, die man heutzutage durchschnittlich arbeiten muss, um sich eine Waschmaschine leisten zu können, in Stunden:

19

Zeit, die man im Jahr 1960 durchschnittlich arbeiten musste, um sich ein Kilogramm Kabeljau leisten zu können, in Stunden:

0,9

Zeit, die man heutzutage durchschnittlich arbeiten muss, um sich ein Kilogramm Kabeljau leisten zu können, in Stunden:

1,4

Faktor, um den die CEO-Vergütung
in den 350 größten börsennotierten US-Firmen
die der Arbeiter überstieg,

… im Jahr 1978: **31**
… im Jahr 1995: **117**
… im Jahr 2022: **344**

Zahl der gesetzlichen Urlaubstage in

… Großbritannien: **28**
… Japan: **10**
… den USA: **0**

Zahl der Menschen in den USA,
die zwischen Januar 2021 und Februar 2022
– der Zeit der sogenannten Great Resignation –
ihren Job kündigten:
57 000 000

Zahl der Straftäter in den USA, die pro Jahr
entlassen werden und einen Job suchen:
600 000

Summe, die US-Firmen jährlich ausgeben,
um die Vergangenheit von Bewerbern zu prüfen,
etwa auf Verurteilungen oder Verkehrsdelikte,
in Millionen Dollar:
3000

Summe, die die US-Bäckerei Greyston für solche
Nachforschungen ausgibt, in Dollar:
0

Zahl der Arbeitsplätze, die Greyston seit der Gründung
im Jahr 1982 geschaffen hat:
3000

Summe, die Greyston im Jahr 2022 umgesetzt hat,
in Millionen Dollar:
30

Zahl der Mitarbeiterinnen und Mitarbeiter
in deutschen Callcentern:
560 000

Zahl der Kundenkontakte
in deutschen Callcentern pro Tag:
25 000 000

Mittlerer Monatslohn für Mitarbeiterinnen und
Mitarbeiter in deutschen Callcentern im Jahr 2021,
in Euro:
2220

Zeitspanne, für die Pflegekräfte einer Aschaffenburger Klinik Anspruch auf ein kostenloses E-Auto haben, inklusive Versicherung, Wartung, Reparaturen und Tanken, in Jahren:
2

Neue Mitarbeiterinnen und Mitarbeiter, die die Klinik dadurch gewonnen hat:
>80

Zahl der Arbeitskräfte, die Deutschland aus demografischen Gründen bis 2035 fehlen werden, in Millionen:

>7

Notwendige Nettozuwanderung von Arbeitskräften (Zuwanderungen minus Auswanderungen), um diese Differenz auszugleichen, pro Jahr:
400 000

Mindestlohn in Deutschland, in Euro pro Stunde,

… im Jahr 2015: **8,50**

… im Jahr 2020: **9,60**

… im Jahr 2022: **12,00**

… ab Januar 2024: **12,41**

Mindestlohn in den USA*, in Dollar pro Stunde,

... im Jahr 2016: **7,25**

... im Jahr 2021: **7,25**

... im Jahr 2022: **7,25**

... im Jahr 2024: **7,25**

* Die US-Bundesstaaten können in ihren Gebieten einen höheren Mindestlohn einführen, davon machen mehr als die Hälfte Gebrauch. Andere, darunter Texas, haben Gesetze erlassen, die es Städten und Kommunen explizit verbieten, den Mindestlohn lokal höher anzusetzen.

Zunahme der Produktivität pro Arbeiter in den USA
zwischen 1979 und 2021, in Prozent:
65

Zunahme des Stundenlohns pro Arbeiter in den USA
zwischen 1979 und 2021, in Prozent:
17

Wöchentliche Arbeitszeit, die der Ökonom
John Maynard Keynes im Jahr 1930 für die Generation
seiner Enkel prognostizierte, in Stunden:
15

Anteil der Beschäftigten weltweit,
die heute mehr als 48 Stunden die Woche arbeiten,
in Prozent:
35

III. In der Natur und Tierwelt

Geschätzter CO_2-Ausstoß von Taylor Swifts Privatjet, in Tonnen pro Jahr:
14 200

CO_2-Ausstoß des Inselstaates Tuvalu, in Tonnen pro Jahr:
7950

Anteil der Menschen, in Prozent, die sich zutrauen, einen unbewaffneten Kampf gegen eine Gans zu gewinnen

... Männer aus den USA: **71**
... Männer aus Großbritannien: **58**
... Frauen aus den USA: **51**
... Frauen aus Großbritannien: **32**

Eis, das die Antarktis durchschnittlich pro Jahr verloren hat, in Milliarden Tonnen,

... zwischen 1979 und 1990: **40**
... zwischen 2009 und 2017: **252**

Rate, mit der ein Smartphone-Bildschirm
ein Bild aktualisiert, pro Sekunde:

60

Rate, mit der ein Elfenkolibri,
der kleinste Vogel der Welt,
die Flügel pro Sekunde schlägt:

80

Durchschnittliche Reaktionszeit von Menschen
auf einfache visuelle Reize, in Sekunden:
0,2 bis 0,3

Durchschnittliche Reaktionszeit von Taufliegen,
den Lebewesen mit der schnellsten Reaktionszeit,
in Sekunden:
0,005

Zahl der Pandas

…auf der Welt: **1900**

…, die in Gefangenschaft leben: **670**

Zahl der in Gefangenschaft lebenden Pandas, die nicht in chinesischem Besitz sind:

3

Zahl der Nilpferde in Kolumbien im Jahr 1979:
0

Zahl der Nilpferde, die Pablo Escobar im Jahr 1980 illegal nach Kolumbien importierte:
4

Geschätzte Zahl der heute wild in Kolumbien lebenden Nilpferde:
200

Kosten für die Übersiedelung von 10 Nilpferden per Flugzeug nach Mexiko in eine Tierauffangstation, in Dollar:
450 000

Kosten für den Unterhalt dort pro Nilpferd und Monat, in Dollar:
2500

Lebenszeit von Eintagsfliegen,
in Tagen,
… als Larve:

bis zu 1095

… als Fliege:

< 1

Zahl der Leben, die eine Katze sprichwörtlich in der deutschsprachigen Schweiz hat:
7

Zahl der Leben, die eine Katze sprichwörtlich in der französischsprachigen Schweiz hat:
9

Lebenszeit der Französin Jeanne Calment, die als bisher ältester Mensch der Welt gilt, in Jahren:
122

Lebenserwartung eines Grönlandwals, in Jahren:
>200

Menge an CO_2, die noch in die Atmosphäre
gelangen darf, um den globalen Temperaturanstieg auf
1,5 Grad Celsius zu begrenzen, in Tonnen:
<235 000 000 000

Jahre, die es beim derzeitigen Ausstoß braucht,
um diese Menge zu erreichen, in Jahren:
<6

Jahr, bis zu dem Deutschland klimaneutral werden will:
2045

Geschätzte Menge an Energie,
die Deutschland bei maximal möglichem Ausbau
der Solar- und Windenergie-Anlagen produzieren könnte,
in Terawattstunden:
1200

Geschätzter zukünftiger Energiebedarf in Deutschland,
in Terawattstunden:
2000

Geschätzte Dauer des Energie-Umbaus in Deutschland,
in Jahren:
20

Kosten für den Energie-Umbau in Deutschland pro Jahr,
in Milliarden Euro:
100

Anteil des Stroms in Deutschland,
der bis 2045 mindestens aus
Sonnenkollektoren stammen müsste,
um eine insgesamt klimaneutrale
Energieversorgung zu erreichen,
in Prozent:

20

Gebäude in öffentlicher Hand in Deutschland
(etwa Krankenhäuser und Schulen), die energetisch
saniert werden müssen:

186 000

Umrüstungskosten allein für die Heizungstechnik
der Kreisverwaltung Gifhorn, die in einem 500 Jahre
alten Schloss ihren Sitz hat, in Euro:

330 000

Geschätzter Anteil der Abwässer,
die ungeklärt in die Umwelt geleitet werden, in Prozent:

>80

Rohöl, das 1978 bei einem Tankerunglück vor der bretonischen Küste ins Meer gelangte, in Tonnen:

220 000

Gewicht aller bei der Katastrophe verendeten Tiere (etwa Fische und Muscheln), in Tonnen:

220 000

Geschätzter Wert nach Marktpreisen der Region für diese tote Biomasse, in Millionen Euro:

550

Höhe der Strafzahlung im Jahr 1988 für den Ölgiganten Amoco (heute BP), den Eigner des Tankers, in Millionen Euro:

73

Größe des Great Barrier Reef,
in Quadratkilometern:
348 700

Größe Deutschlands, in Quadratkilometern:
357 600

Anteil der maritimen Arten, die in Korallenriffen leben,
in Prozent:
25

Anteil der Ozeanfläche, die noch von Korallenriffen
bedeckt ist, in Prozent:
< 0,1

Weltweite Produktionsmenge von Fisch und
Meeresfrüchten im Jahr 2020, in Millionen Tonnen:
178

Geschätzter Verkaufswert dieser weltweiten
Produktionsmenge, in Milliarden Dollar:
401

Geschätzter Anteil aller Fische,
die aufgrund des Verfallsdatums im Supermarkt
weggeworfen werden, in Prozent:
33

Waldfläche, die 2022 bei einem Großbrand in
Brandenburg verloren ging, in Hektar:
100

Benötigtes Löschwasser für diesen Waldbrand, in Litern:
5 000 000

Kosten für den Feuerwehreinsatz, in Euro:
1 200 000

Anteil der Landesfläche in Deutschland,
die bewaldet ist, in Prozent: **33**

Prognostizierter Anstieg der Waldbrände weltweit bis
2100, in Prozent: **50**

Fläche in Brandenburg, die als mit Bomben,
Granaten und Munition kontaminiert gilt*, in Hektar:
585 000

Kampfmittel-Verdachtsflächen, die im Jahr 2022 in
Brandenburg geräumt wurden, in Hektar:
39

Räumungskosten pro Hektar, in Euro:
bis zu 15 000

* Es handelt sich dabei um Überbleibsel von Weltkriegen und Truppenübungen.

Menge der Nutzpflanzen (etwa Obst und Gemüse),
die als Nahrungsmittel wegfielen,
wenn die Pflanzenblüten nicht mehr von Insekten
bestäubt würden, in Prozent:

33

Anteil, den Honigbienen an der Bestäubung aller
Pflanzen haben, in Prozent:

50

Zahl der Milchkühe in Deutschland, in Millionen:

3,8

Dauer, die ein Kalb nach der Geburt in der Regel
bei einer Milchkuh-Mutter bleibt, in Stunden:

<1

Maximal mögliche Milchleistung einer Milchkuh
in Deutschland, im Laufe ihres Lebens, in Litern:

>100 000

Preis pro Liter Milch, den Molkereien
Milchbauern in Deutschland im August 2023
durchschnittlich zahlten, in Cent:

40

Höhe der Hundesteuer im Jahr 2022, in Euro,
… in der nordrhein-westfälischen Stadt Verl: **25**
… in der nordrhein-westfälischen Stadt Hagen: **180**

Maximalgeschwindigkeit von Löwen,
in Kilometern pro Stunde:
80

Durchschnittliche Geschwindigkeit,
mit der eine Stockente im April 2020 von Hessen
nach Russland flog, in Kilometern pro Stunde:
125

Zahl der gemeldeten Kammerjäger-Einsätze in Berlin wegen Ratten,
… im Jahr 2013: **6370**
… im Jahr 2022: **8144**

1,5

Höhe, die Ratten
beim Springen erreichen können,
in Metern

Länge der Reisestrecke aller zahlenden Fluggäste,
in Milliarden Kilometern,

… im Jahr 1930: **0,3**
… im Jahr 1960: **109**
… im Jahr 1990: **1890**
… im Jahr 2019: **8660**

Menge an CO_2-Emissionen,
die eine ausgewachsene Buche in ihrem Leben speichert,
in Tonnen:
1

Menge an CO_2-Emissionen, die ein Mensch
im weltweiten Durchschnitt in einem Jahr verursacht,
in Tonnen:
5

Anteil der Erdoberfläche, der mit Mooren bedeckt ist,
in Prozent:
3

Geschätzter Anteil des erdgebundenen Kohlenstoffes,
der dort gespeichert ist, in Prozent:
30

Anteil der Moore in Deutschland,
die trockengelegt wurden, um sie unter anderem für
die Landwirtschaft oder den Torfabbau zu nutzen,
in Prozent:
>90

Anteil dieser trockengelegten Moore
an den heutigen Treibhausgas-Emissionen
in Deutschland, in Prozent:
7

Durchschnittliche Erbsumme, die das oberste Prozent der reichsten Familien in den USA erwartet, in Millionen Euro:

1,6

Summe, die der Border Collie Lulu in den USA im Jahr 2021 geerbt hat, in Millionen Euro:

4

Summe, die die Katze Tommaso in Italien im Jahr 2011 geerbt hat, in Millionen Euro:

10

Summe, die das Huhn Gigoo in Großbritannien im Jahr 2002 geerbt hat, in Millionen Euro:

14

Zeit, die Pferde durchschnittlich pro Tag schlafen, in Stunden:

3

Zeit, die Faultiere in Urwäldern durchschnittlich pro Tag schlafen, in Stunden:

10

Zeit, die Fledermäuse durchschnittlich pro Tag schlafen, in Stunden:

20

Durchschnittliches Gewicht, in Gramm,
… des Gehirns eines Afrikanischen Straußes: **42**
… eines Auges eines Afrikanischen Straußes: **48**

Zahl der Einwohner
in den Niederlanden im Jahr 2022,
in Millionen:

18

Zahl der Schweine und Rinder
in den Niederlanden im Jahr 2022,
in Millionen:

15

Energie pro Gramm, in Joule,

… des Sprengstoffs TNT:

2700

… von Butter:

29 000

… von Uran-Isotop 235U:

82 000 000 000

Schärfe, in Scoville-Grad,

… einer Peperoni:

100 bis 500

… der indonesischen Chilipaste Sambal Oelek:

1000 bis 10 000

… des Chilisaucen-Extrakts Mad Dog 357 No. 9 Plutonium:

9 000 000

Rauminhalt des
beobachtbaren Universums, in
Tredezillionen Kubikmeter:

400

Zahl der Nullen in einer Tredezillion:

78

Prozentualer Anteil am Universum an
… sichtbarer Materie*: **5**
… sogenannter dunkler Materie und dunkler Energie: **95**

…………………

* Sichtbare Materie ist alles, das wir beobachten können: Planeten, Sterne, Gas und Staub. Der weitaus größte Anteil von Materie und Energie im Weltall ist unsichtbar oder dunkel. Er macht sich etwa durch Gravitation oder die beschleunigte Ausdehnung des Universums bemerkbar. Herkunft und Zusammensetzung lassen sich bisher nicht klären.

IV. In der Politik

Jahr, in dem Charles Kushner der Universität Harvard eine Spende von 2,5 Millionen Dollar zusagte:
1998

Jahr, in dem sein Sohn Jared Kushner, Donald Trumps Schwiegersohn und Ex-Berater, sein Studium in Harvard begann:
1999

Jahresgehalt eines ehemaligen Mitarbeiters
im Weißen Haus, dessen Aufgabe es war,
die von Donald Trump zerrissenen Dokumente
wieder zusammenzukleben, in Dollar:

65 969

Zahl der Journalistinnen und Journalisten,
die 2018 für das Treffen von Donald Trump und
Kim Jong Un nach Singapur gereist sind:

>3000

Zahl der von US-Seite zugelassenen Journalisten
bei diesem Treffen:

7

Anteil der Weltbevölkerung, in Prozent,
... die im Jahr 2005 in einer Demokratie lebte: **50**
... die im Jahr 2022 in einer Demokratie lebte: **29**

Budget der Vereinten Nationen im Jahr 2022, in Milliarden Euro:

3

Budget der Stadt Düsseldorf im Jahr 2022, in Milliarden Euro:

3

Zahl der ständigen Mitglieder im UN-Sicherheitsrat, die Beschlüsse mit ihrem Veto blockieren können: **5**

... darunter europäische Länder: **2**

... darunter afrikanische Länder: **0**

Anteil der Weltbevölkerung, die in Europa lebt, in Prozent:

9

Anteil der Weltbevölkerung, die in Afrika lebt, in Prozent:

18

Gehalt, das Boris Johnson
jährlich als britischer Premier erhielt,
in Euro:

190 000

Geld, das Johnson nach dem
Ausscheiden aus dem Amt für
eine 30-minütige Rede vor
Versicherungsvertretern mit
anschließender Diskussion erhielt,
in Euro:

315 000

Höhe der Provisionszahlungen für die Vermittlung von Corona-Maskengeschäften an die damaligen CSU-Abgeordneten Georg Nüßlein und Alfred Sauter, in Euro:

1 900 000

Mittleres Monatsgehalt einer Intensivpflegekraft in Deutschland, in Euro:

4394

Zeit, die eine Intensivpflegekraft für 1,9 Millionen Euro brutto arbeiten müsste, in Jahren:

36

Zahl der Abgeordneten im Europäischen Parlament

… im Jahr 2012: **736**

… im Jahr 2023: **705**

Zahl der registrierten Organisationen im Lobbyregister der Europäischen Union

… im Jahr 2012: **5431**

… im Jahr 2023: **12 425**

Jahr, in dem Hassanal Bolkiah, der weltweit am längsten agierende Regierungschef, die Macht im asiatischen Brunei übernahm:
1967

Zeit, die Bolkiah mittlerweile an der Macht ist, in Jahren:
56

Durchschnittliche Amtszeit italienischer Ministerpräsidenten zwischen 1945 und 2020, in Jahren:
1

Summe aller Großspenden (ab 50 000 Euro), die im Jahr 2022 an die CDU gingen, in Euro:
570 053

Höhe der Großspende des ehemaligen CDU-Abgeordneten Jürgen Todenhöfer an seine Partei Team Todenhöfer im Jahr 2022, in Euro:
1 751 132

Zahl der Sozialwohnungen in Deutschland,
in Millionen,

... im Jahr 1990: **2,9**

... im Jahr 2010: **1,7**

... im Jahr 2022: **1,1**

Anteil der Kinder in Deutschland, die in Armut leben, in Prozent,

... im Jahr 2008: **15**

... im Jahr 2017: **15**

... im Jahr 2022: **15**

Staatliche Einnahmen in Deutschland im Jahr 2022, in Milliarden Euro, durch die

... Erbschaftsteuer: **8**

... Tabaksteuer: **15**

Menge an Kaffee,
die laut der Europäischen
Lebensmittelbehörde für Erwachsene
pro Tag unbedenklich ist,
in Tassen:

4 bis 5

Menge an Kaffee,
die der US-Präsident Theodore Roosevelt
täglich getrunken haben soll,
in Tassen:

19

Summe, die die Schweiz pro Jahr
und Schienenkilometer investiert, in Euro:
740 000

Summe, die Deutschland pro Jahr und
Schienenkilometer investiert, in Euro:
123 000

Jahr, in dem der damalige Bundesverkehrsminister
Andreas Scheuer den «Deutschlandtakt» für den
Zugverkehr ankündigte*:
2018

Jahr, in dem der Deutschlandtakt seinen
Angaben zufolge umgesetzt sein sollte:
2030

Jahr, auf das der Deutschlandtakt 2023
verschoben wurde:
2070

* Dieser sieht vor, dass alle Züge jede Stunde zur selben Minute abfahren, zwischen den großen Städten sogar jede halbe Stunde in alle Richtungen.

Zahl der OECD-Länder (insgesamt 38), in denen es keine Geschwindigkeitsbegrenzung auf den Autobahnen gibt:
1

Kosten für einen Autobahn-Kilometer für Erhalt, Neu- und Ausbau und Verwaltung pro Jahr, in Deutschland, in Euro:
600 000

Faktor, um den demokratische Kongress-Kandidatinnen im US-Wahlkampf 2020 häufiger in Facebook-Kommentaren beleidigt wurden als ihre männlichen Konkurrenten:
10

Frauenanteil im Deutschen Bundestag, in Prozent:

35

Frauenanteil im Parlament von Uganda, in Prozent:

61

Jahr, in dem die Wählervereinigung
«Bürger in Wut» bei der Bürgerschaftswahl in Bremen
die Fünf-Prozent-Hürde nicht schaffte:
2019

Ergebnis der AfD bei der Bürgerschaftswahl
in Bremen im Jahr 2019, in Prozent:
6,1

Jahr, in dem die AfD in Bremen nicht zur
Bürgerschaftswahl zugelassen wurde,
weil sie zwei widersprüchliche Wahllisten
eingereicht hatte:
2023

Ergebnis der «Bürger in Wut» bei der
Bürgerschaftswahl in Bremen 2023, in Prozent:
9,4

V. In der Gesellschaft

Zahl der Menschen, die im Jahr 2021
in Deutschland gelegentlich Lotto oder Toto
gespielt haben, in Millionen:
22

Zahl der Menschen, die im Jahr 2021
in Deutschland Lotto-Millionäre geworden sind,
in Millionen:
0,000181

Kosten in Euro, die beim Kirchenaustritt anfallen,

... in Mecklenburg-Vorpommern: **12**

... in Hamburg: **31**

... in der baden-württembergischen Gemeinde Unterreichenbach: **75**

Zahl der Polizeibeamten und -beamtinnen in Deutschland im Jahr 2021:

256 000

Zahl der Beschäftigten bei privaten Wach- und Sicherheitsdiensten sowie Detekteien in Deutschland im Jahr 2021:

266 000

Armutsgefährdungsquote der ab 65-Jährigen in Deutschland, in Prozent,

… im Jahr 2011: **14**

… im Jahr 2022: **18**

Anteil der Babyboomer in Deutschland, die damit rechnen, sich im Rentenalter finanziell einschränken zu müssen, in Prozent:

43

Zahl an Generationen, bis Kinder, welche in die ärmsten Familien geboren werden, das nationale Durchschnittseinkommen erreichen

… in Dänemark: **2**

… im Durchschnitt der OECD-Länder: **4,5**

… in Deutschland: **6**

Anteil der Menschen in Deutschland, die das Prinzip für gerecht halten, nach dem sich die finanziellen Chancen eines Menschen an seiner Leistung bemessen sollten, in Prozent:

85

Zahl der Stunden, die Männer weltweit durchschnittlich pro Tag arbeiten (Erwerbs- und Care-Arbeit): **6,7**
… und dafür bezahlt werden: **5,4**

Zahl der Stunden, die Frauen weltweit durchschnittlich pro Tag arbeiten (Erwerbs- und Care-Arbeit): **7,5**
… und dafür bezahlt werden: **3,1**

Geschätzte durchschnittliche Einkommensentwicklung in den 20 Jahren nach der Geburt des ersten Kindes, in Euro pro Jahr,
… für Männer in Deutschland:

+ 6800

… für Frauen in Deutschland:

- 10 500

Gender-Pay-Gap* in Südkorea, in Prozent:
31

Rang Südkoreas mit diesem Gender-Pay-Gap unter 33 Industriestaaten weltweit:
33

…………………

* Der Gender-Pay-Gap misst den Abstand zwischen den Gehältern von Männern und Frauen.

Zahl der Schönheitsoperationen
in Deutschland

… im Jahr 2017:

32 647

… im Jahr 2022:

93 853

Rang nach Häufigkeit der Behandlungen im Jahr 2022,

… Faltenunterspritzung mit Botox: **1**

… Behandlungen mit Hyaluron und Fillern: **2**

… Fettabsaugungen: **3**

Zahl der Körperpflegeprodukte,
… die Über-60-Jährige in Deutschland durchschnittlich besitzen: **28**
… die 30- bis 59-Jährige in Deutschland durchschnittlich besitzen: **40**
… die 20- bis 29-Jährige in Deutschland durchschnittlich besitzen: **66**
… die 18- bis 19-Jährige in Deutschland durchschnittlich besitzen: **92**

Geschätzter Wert intakter Kleidung, die jedes Jahr weltweit weggeworfen wird, in Milliarden Dollar:

460

Summe, die Paris Hilton für das Erscheinen auf einer Party verdient haben soll, in Dollar pro Stunde:

300 000

Geschätztes Gesamtvermögen von Paris Hilton, in Dollar:

300 000 000

Kosten der zweistöckigen Hundevilla auf Hiltons Anwesen in Kalifornien, in Dollar:

300 000

Anteil des Vermögens des reichsten Prozents
der Bevölkerung am Vermögen aller Menschen,
in Prozent,

... in den USA im Jahr 1910: **45**
... in den USA im Jahr 2010: **34**
... in Europa im Jahr 1910: **64**
... in Europa im Jahr 2010: **24**

Durchschnittlicher Rückgang der Zahl
der Menschen auf der Welt, die in extremer Armut leben
zwischen 1990 und 2019, pro Tag:
130 000

Zahl der Erstklässler in einem Klassenverband
in Deutschland im Jahr 1970:
43

Zahl der Erstklässler in einem Klassenverband
in Deutschland im Jahr 2023:
21

Zahl der 1. Klassen in einer Grundschule
im Jahr 1970:
4 bis 5

Zahl der 1. Klassen in einer Grundschule
im Jahr 2023:
2

Neue Syphilis-Fälle in Deutschland im Jahr 2001:
1995

Neue Syphilis-Fälle in Deutschland im Jahr 2022:
8309

Preis, in Millionen Euro, den ARD und ZDF gezahlt haben sollen, für die TV-Übertragung

… der Frauen-WM 2023 in Australien und Neuseeland: **5**

… der Männer-WM 2022 in Katar: **200**

Anteil der Menschen in Deutschland, in Prozent,

… die größere Sympathien für die Frauen-Nationalmannschaft äußern: **44**

… die größere Sympathien für die Männer-Nationalmannschaft äußern: **40**

Häufigkeit, in Prozent*, mit der sich in wissenschaftlichen Studien ein männlicher Verfasser durchschnittlich eher selbst zitiert als eine weibliche Verfasserin:

56

* Basierend auf 1,5 Millionen Forschungsarbeiten zwischen 1779 und 2011.

VI. In der Geschichte

Zahl der geplanten Attentate auf Fidel Castro durch die CIA*:
634

Jahr, in dem der 90-jährige Castro eines natürlichen Todes starb:
2016

Alter von Clyde Tombaugh, als er 1930 den Planeten Pluto entdeckte, in Jahren:
24

Zahl der weiterführenden Schulen, die Tombaugh bis dahin besucht hatte:
0

* Laut dem ehemaligen Chef des kubanischen Geheimdienstes, Fabian Escalante.

Anteil der Kaiser des Römischen Kaiserreiches (27 v.Chr. bis 395 n.Chr.), die während ihrer Amtszeit ermordet wurden, in Prozent:

50

Zahl der Untertanen, die von der madagassischen Königin Ranavalona I. im Jahr 1845 für eine Büffeljagd verpflichtet wurden:

50 000

Dauer der Büffeljagd, in Monaten:

4

Zahl der Untertanen, die während dieser Zeit aufgrund von Erschöpfung oder Krankheit starben:

10 000

Zahl der erlegten Büffel während dieser Jagd:

0

Dauer des bislang kürzesten Tennisspiels im Einzel, in Minuten:

18

Dauer des bislang längsten Tennisspiels im Einzel, in Minuten:

665

Besatzungsmitglieder auf dem ersten Kreuzfahrtschiff der Welt, der Augusta Victoria, im Jahr 1891:

245

Reisende auf diesem ersten Kreuzfahrtschiff:

174

Reisende auf dem heute größten Kreuzfahrtschiff der Welt, der Wonder of the Seas:

6988

Baukosten für das Schiff Titanic im Jahr 1912, in Millionen britischen Pfund:

1,5

Kaufkraft dieses Betrags im Jahr 1997, in Millionen Euro:

142

Geschätzte Produktionskosten für den Film Titanic 1997, in Millionen Euro:

182

Bislang höchste Inflationsrate
eines Landes, gemessen in Ungarn
im Jahr 1946, in Prozent:

4 190 000 000 000 000

Tantiemen und Honorare, die der Fotograf
Alberto Korda für sein weltberühmtes
Schwarz-Weiß-Porträt von Che Guevara erhielt,
in Kubanischen Peso:

0

Größe des Schlosses Versailles in Frankreich,
in Quadratmetern:
63 000

Zahl der Zimmer im Schloss Versailles:
2300

Zahl der Arbeiter, die das Schloss Versailles
errichtet haben:
36 000

Kosten für den Ausbau des Schlosses Versailles
durch König Ludwig XIV., in Millionen Euro:
100

Kosten für die Sanierung des Schlosses Versailles
im Jahr 2003, in Millionen Euro:
500

Zahl der Zimmer im Loire-Schloss de Chambord
in Frankreich:
440

Zahl der Kamine im Loire-Schloss de Chambord
in Frankreich:
365

Voraussichtliche Bauzeit des
Verkehrsprojekts Stuttgart 21,
in Jahren:
15

Bauzeit der Cheops-Pyramide von Gizeh,
in Jahren:
20

Bauzeit des Petersdoms in Rom,
in Jahren:
120

Bauzeit des Kölner Doms,
in Jahren:
632

Jahr, in dem das Pergamon-Museum
in Berlin eröffnet wurde:
1930

Jahr, in dem ein Architekten-Wettbewerb
für die Generalsanierung stattfand:
1990

Jahr, in dem die Sanierungs-Bauarbeiten
begannen und seit dem Nordflügel und Haupttrakt
geschlossen sind:
2013

Jahre, die das Museum nun vollständig für
Publikum geschlossen bleiben soll:
3,5

Jahr, in dem das gesamte Museum
wieder für Publikum geöffnet werden soll:
2037

Zeitspanne, in Jahren,
in der die Population der Menschen
gestiegen ist von

... 0 auf 1 Milliarde: **≤7 500 000**
... 1 auf 2 Milliarden: **120**
... 2 auf 8 Milliarden: **98**

Zahl der afrikanischen Staaten,
die im Jahr 1912 keine Kolonien waren:

2

Anteil der Menschen in Deutschland,
in Prozent, die in einer Umfrage angaben,
unter ihren Vorfahren seien

... Täter während des Zweiten Weltkriegs gewesen: **18**
... Opfer während des Zweiten Weltkriegs gewesen: **54**

Preis, den Bill Gates 1994 bei einer Auktion für das teuerste Buch der Welt – «Codex Leicester», Handschriften von Leonardo da Vinci – zahlte, in Millionen Dollar:

30,8

Preis, für den 2020 ein handgeschriebener Brief des Schriftstellers Edgar Allan Poe an seinen Verleger versteigert wurde, in Dollar:

125 125

Summe, um die Edgar Allan Poe seinen Verleger in diesem Brief von 1847 gebeten hatte, in Dollar:

40

VII. In der Welt

Zahl der Kamele, die im Dezember 2021 beim König-Abdulaziz-Kamel-Festival in Saudi-Arabien in 19 Kategorien gegeneinander antraten:
33 000

Höhe des Preisgeldes für den Besitzer des Gewinner-Kamels, in Dollar:
66 000 000

Zahl der Kamele, die beim Schönheitswettbewerb disqualifiziert wurden, weil sie eine Botox-Injektion erhalten hatten oder anderweitig kosmetisch behandelt worden waren:
43

Zahl der Panzer, die Australien im Januar 2022 in den USA bestellt hat:

121

Zahl der Länder, mit denen Australien eine Landgrenze teilt:

0

Wortanzahl pro Minute
… bei durchschnittlich schnellen Sprecherinnen und Sprechern von britischem Englisch: **198**
… des Briten Steve Woodmore, der als einer der schnellsten Sprecher der Welt gilt: **637**

Zahl der Uhren auf dem königlichen Landgut Windsor in Großbritannien:

400

Zeit, die der hauseigene Uhrmacher zum Umstellen auf die Winterzeit benötigt, in Stunden:

16

Höhe des Schlosses Neuschwanstein, in Metern: **65**

Höhe des Wolkenkratzers Burj Khalifa in Dubai, in Metern: **828**

Zahl der Hochhäuser mit mehr als zwölf Stockwerken pro 10 000 Einwohner,

... in Schanghai: **1**

... in New York: **9**

... im spanischen Badeort Benidorm: **71**

Höchster Punkt Deutschlands auf der Zugspitze,
in Metern über dem Meeresspiegel:
2962

Niedrigster Punkt des bolivianischen Regierungssitzes
La Paz, in Metern über dem Meeresspiegel:
3200

Länge einer futuristischen Hängebrücke im
schwedischen Helsingborg, in Metern:
220

Kosten der Hängebrücke, in Euro pro Meter:
54 545

Zahl der US-Soldaten,
die während der zehn Jahre des Vietnamkriegs
gestorben sind:

58 220

Zahl der Menschen, die in den USA
im Jahr 2022 an einer Drogen-Überdosis gestorben sind:

107 081

Rang der USA im Social Progress Index 2022, der die Lebensqualität in 169 Ländern misst, in der Kategorie

… Zahl der Qualitäts-Universitäten:
1 von 169
… Gleicher Zugang zu hochwertiger Bildung für alle:
77 von 169

Anteil der Bevölkerung, die an Diabetes erkrankt ist, in Prozent,

… in Australien: **5**
… in den USA: **11**

Durchschnittspreis für eine Dosis Insulin im Jahr 2018, in Dollar,

… in Australien: **7**
… in den USA: **99**

Durchschnittliche Zahl der Überstunden in Deutschland
pro Person im Jahr 2023:
31

Anteil der japanischen Unternehmen,
die 2016 angaben, ihre Beschäftigten leisteten mehr als
960 Überstunden pro Jahr, in Prozent:
23

Zahl, auf die die japanische Regierung die jährlichen
Überstunden pro Person 2019 gesetzlich begrenzte:
720

Zahl der Worte für «Tod durch Überarbeitung»
im Japanischen:
1

Vergrößerung der Fläche Singapurs zwischen 1973 und 2013 durch Aufschüttungen im Meer, in Prozent:
>20

Wert von Sand, Stein und Kies, den Singapur allein im Jahr 2022 importierte, in Millionen Dollar:
586

Pro-Kopf-Konsum von Fleisch im Jahr 2020, in Kilogramm,
… in Indien: **5**
… in der EU: **78**
… in den USA: **127**

Preis für einen «Big Mac» im Juli 2023, in Dollar,
… in Taiwan: **2,40**
… in den USA: **5,58**
… in der Schweiz: **7,70**

Zahl der Inhaftierten pro 100 000 Einwohner, in
… Deutschland: **67**
… Neuseeland: **169**
… Russland: **300**
… den USA: **531**
… El Salvador: **1086**

Zahl der Einwohnerinnen und Einwohner in Lagos,
der größten Stadt Nigerias, im Jahr 2023, in Millionen:
>20

Durchschnittliche Zahl der Menschen,
die täglich nach Lagos ziehen:
3000

Geschätzte Bevölkerung von Lagos im Jahr 2100,
in Millionen:
80

Summe, die Deutschland für Bildung pro Jahr ausgibt,
in Milliarden Euro:
177

Summe, die Nigeria für Bildung pro Jahr ausgibt,
in Milliarden Euro:
1

Bevölkerung von Deutschland, in Millionen:
84

Bevölkerung von Nigeria, in Millionen:
220

Anteil der Bevölkerung in Nigeria, die in Slums lebt und
wenig Chancen auf Bildung hat, in Prozent:
50

Zahl der Inderinnen und Inder, die es im
Jahr 2023 auf die Milliardärs-Liste des US-Magazins
«Forbes» geschafft haben:
169

Gesamtvermögen dieser Menschen im Jahr 2023,
in Milliarden Dollar:
675

Umsatz mit Luxusgütern in Indien,
in Milliarden Dollar,
... im Jahr 2021: **6**
... im Jahr 2022: **7,5**
... im Jahr 2030 (Prognose): **26**

Zahl der Internet-Abschaltungen durch
Regierungen im Jahr 2022
... weltweit: **187**
... davon in Indien: **84**

Geschätzter wirtschaftlicher Schaden
durch Internet-Abschaltungen in Indien zwischen
2019 und 2022, in Milliarden Euro:
4,5

Durchschnittskosten, um ein Panini-Album
für die Fußball-Weltmeisterschaft 2022 in Katar zu füllen,
ohne zu tauschen, in Euro:
990

Monatlicher Mindestlohn in Katar im Jahr 2022,
in Euro:
280

Anteil der Haushalte im südafrikanischen Kapstadt,
in Prozent,
… mit niedrigem Einkommen: **62**
… der oberen Mittelschicht und von Reichen: **14**

Anteil des städtischen Wassers in Kapstadt,
in Prozent, den Haushalte verbrauchen
… mit niedrigem Einkommen: **14**
… der oberen Mittelschicht und von Reichen: **51**

Zahl der Menschen, die in Südafrika Müll
nach Rohstoffen sortieren:
90 000

Summe, die ein Müllsammler in Südafrika für ein
Kilo Aluminium von einem Zwischenhändler erhält,
in Euro:
0,9

Summe, die Menschen in den
USA 2018 betrunken für Online-Shopping ausgegeben
haben, in Milliarden Dollar:
40

Anteil der Menschen, die in diesem Zustand ein Auto
gekauft haben, in Prozent:
10

Gewicht des VW Golf VII, in Tonnen:
1,2

Gewicht des US-Militärfahrzeugs Humvee, in Tonnen:
2,4

Gewicht der US-Staatskarosse «The Beast», in Tonnen:
10

Zahl der Menschen, die sich bis Anfang November
2023 von der US-Firma Alcor in der Hoffnung auf eine
künftige Wiederbelebung einfrieren ließen:
222

Summe in Dollar, die man mindestens nachweisen
muss, wenn man
… das Gehirn einfrieren lassen will:
80 000
… den gesamten Körper einfrieren lassen will:
200 000

Höhe der Christus-Statue in Rio de Janeiro,
zu Ehren Jesu Christi, in Metern:
30

Höhe der Freiheitsstatue in New York,
zu Ehren der Unabhängigkeit, in Metern:
46

Höhe des National-Monuments des Heiligen Kreuzes
bei Madrid, zu Ehren des Faschismus, in Metern:
152

Zahl der Züge, die die spanische staatliche
Bahngesellschaft Renfe 2020 bestellt hat:
31

Zahl dieser Züge, die durch alle Tunnel
auf den geplanten Strecken passen:
0

Kosten der Bestellung, in Millionen Euro:
258

Zahl der Besucherinnen und Besucher der baskischen Insel Gaztelugatxe, wo die Serie «Game of Thrones» gedreht wurde,

... vor den Dreharbeiten, pro Jahr: **2000**

... innerhalb von fünf Tagen im April 2022: **12 000**

Länge der Erweiterung der Berliner U-Bahn-
Linie U5 zwischen Alexanderplatz und Hauptbahnhof,
in Kilometern:
4

Bauzeit bis zur Eröffnung im Dezember 2020, in Jahren:
25

Länge des letzten Abschnitts der Tibet-Eisenbahn,
die Tibet an das chinesische Gleisnetz anschließt,
in Kilometern:
1142

Bauzeit bis zur Eröffnung im Juli 2006, in Jahren:
5

Zahl der Filialen der Fastfood-Kette KFC
in Deutschland im Jahr 2023:
200

Zahl der Filialen der Fastfood-Kette KFC
in Schanghai im Jahr 2023:
500

Anteil der Raucher
an der Bevölkerung in China,
in Prozent:

25

Marktanteil des staatseigenen Betriebs China
National Tobacco Corporation, in Prozent:
96

Einnahmen des Staates durch den Zigarettenverkauf
pro Jahr, in Milliarden Dollar:
213

Prozentuales Wachstum des Bruttoinlandsprodukts (BIP) pro Kopf zwischen 1963 und 2021

... in Singapur, das 1963 unabhängig vom Vereinigten Königreich wurde: **14 000**

... im Vereinigten Königreich: **2800**

BIP pro Kopf im Jahr 2021, in Dollar,

... in Singapur: **73 000**

... im Vereinigten Königreich: **47 000**

Veränderung der Geburtenrate in Taiwan
im Jahr des Drachen (2012), mit dem überwiegend positive Eigenschaften verbunden werden, in Prozent:
+13,4

Veränderung der Geburtenrate in Taiwan
im Jahr des Tigers (2010), mit dem überwiegend negative Eigenschaften verbunden werden, in Prozent:
–17,6

Zahl der weltweit von Privatpersonen
vermeintlich gesichteten Ufos
… im Jahr 1990:

346

… im Jahr 2022:

5035

Anteil der Menschen in den USA, in Prozent, die angeben,

… an Geister zu glauben: **36**

… an Ufos zu glauben: **39**

Anteil der Menschen in den USA, in Prozent, die angeben,

… schon mal einen Geist gesehen oder gespürt zu haben: **24**

… schon mal ein Ufo gesehen zu haben: **10**

Freizeit pro Tag, in Minuten,
... für Frauen in Portugal: **200**
... für Männer in Portugal: **289**

Freizeit pro Tag, in Minuten,
... für Frauen in Deutschland: **316**
... für Männer in Deutschland: **346**

Freizeit pro Tag, in Minuten,
... für Frauen in Norwegen: **366**
... für Männer in Norwegen: **370**

Danksagung

Viele Kolleginnen und Kollegen in Redaktionen, Beratungen und Statistikämtern teilen unsere Begeisterung für Zahlen – dennoch würde es den Rahmen des Buches sprengen, wenn wir hier sämtliche Quellen nennen würden. Aber seien Sie versichert, jede Zahl ist belegt. Und diese Sammlung stammt auch keineswegs von uns allein – viele Kolleginnen und Kollegen von brand eins haben über die Jahre durch ihre Recherchen den eindrucksvollen Fundus geschaffen, aus dem wir schöpfen konnten.

Stellvertretend geht ein herzliches Dankeschön an:
Johannes Böhme, Dirk Böttcher, Sophie Burfeind, Johannes Dieterich, Jennifer Garic, Katrin Groth, Daniel Hautmann, Anne Hünninghaus, Stephan A. Jansen, Jannik Jürgens, Taran N Khan, Sabrina Keßler, Hannes M. Kneissler, Fabian Kretschmer, Christoph Koch, Peter Laudenbach, Julia Lauter, Felix Lill, Janina Martens, Andreas Molitor, Frank Odenthal, Kim Lucia Ruoff, Gregor Schmalzried, Stefan Scheytt, Jens Umbach, Clara Vuillemin, Harald Willenbrock und Nils Wischmeyer.

Ganz besonderer Dank geht an:
Holger Fröhlich, der *Die Welt in Zahlen* seit 2011 mit Zahlen füllt. Unterstützt wird er dabei seit 2019 von Anabelle Körbel und seit 2022 zusätzlich von Yves Bellinghausen.

Originalausgabe
Veröffentlicht im Rowohlt Verlag, Hamburg, April 2024

Lektorat Gabriele Fischer, Holger Volland
Stand der Daten: Ende Dezember 2023
Projektmanagement Hendrik Hellige

Covergestaltung Mike Meiré / Meiré und Meiré
Satz aus der Sabon bei Pinkuin Satz und Datentechnik, Berlin
Druck und Bindung GGP Media GmbH, Pößneck
ISBN 978-3-98928-018-2

FSC www.fsc.org MIX Papier | Fördert gute Waldnutzung FSC® C014496